그대 사랑이어라

펴낸날	초판 1쇄 2025년 10월 22일

지은이	배도선
펴낸이	서용순
펴낸곳	이지출판

출판등록	1997년 9월 10일
등록번호	제300-2005-156호
주소	03131 서울시 종로구 율곡로6길 36 월드오피스텔 903호
대표전화	02-743-7661　　팩스 02-743-7621
이메일	easy7661@naver.com
인쇄	ICAN
물류	(주)비앤북스

ⓒ 2025 배도선

값 12,000원

ISBN 979-11-5555-267-4 03810

※ 잘못 만들어진 책은 교환해 드립니다.

그댄 사랑이어라

배도선 감성시집

이지출판

● **추천의 글**_ 윤보영 커피시인

  배도선 시인이 감성시집을 발간합니다.
  이미 3인 공저 시집과 일반 시집을 발간한 경험이 있는 시인에게 새로운 형태의 감성시집 발간은 어려움이 따랐을 것으로 여겨집니다. 그러나 그 어려움을 잘 극복하고 두 번째 시집을 내게 되어 참 다행입니다.

  배도선 시인과는 인터넷으로 진행된 '감성시 쓰기' 수업을 통해 만났고, 이후 전국 독자 만남 행사에서 직접 뵈었는데, 자연을 소재로 한 내용을 작품 속에 담아내는 시인, 그리고 시를 통해 만나온 따뜻한 모습 그대로를 확인할 수 있었습니다.

  시인의 시에는 특히 가족 사랑이 많이 담겨 있습니다. 글을 읽는 내내 제가 주인공이 되어 행복했습니다. 이 시집을 읽는 독자들도 저처럼 행복을 느끼고, 그 행복의 주인공이 되었으면 좋겠습니다.

시는 읽어 주는 독자가 있어야 합니다. 또 시집은 읽는 사람이 주인공이 되어야 비로소 생명력을 얻습니다. 그런 면에서 이 시집은 그 두 가지를 다 갖추고 있습니다.

시집 한 권이 발간되기까지는 여러 어려움이 있습니다. 그 어려움을 이겨 내고 시집을 발간할 수 있도록 도와주신 가족과 문학 동아리 회원들께 감사드리며, 앞으로도 더 좋은 글을 쓸 수 있도록 늘 함께할 것을 약속드립니다. 감사합니다.

2025년 10월

● 시인의 말

두 번째 시집을 준비하면서
그동안 살아온 삶을 돌아봅니다.
모든 것이 마냥 아름답기만 했던 나에게
새로움으로 다가와 문장이 되고 시가 되는 순간들
꽃길을 걷는 시간이었습니다.

파란 하늘 푸른 바다
아스팔트 틈새에 피어난 작은 생명들
어느 하나 부족함 없는 한 편의 시였고,
아름다운 동요였습니다.
하얀 백지 위에 꾹꾹 눌러쓴 글자들
살아 움직이는 이야기가 되고 그리움이 되고
꿈이 되고 사랑이 되었습니다.

그러나 가슴 가득 넘쳐나는 아름다운 시를 꿈꾸지만
아직도 부족함이 많습니다.
하지만 시가 있어 행복한 시간이었고,
하루하루 일상 모두가
시간과 공간 그리고 상상의 나래까지
친구가 되고 그대가 되고 기쁨이 되었습니다.

기다리던 가을
내 안의 작은 꿈을 모아 만든 두 번째 감성시집을 내도록
도움 주신 윤보영 시인님과 제 가족들에게 감사드리며
부끄러운 마음을 담아 내놓습니다.

2025년 가을
배도선

● 차례

추천의 글_ 윤보영 커피시인 • 4

시인의 말 • 6

제1부 오늘도 행복 산책 중

아침 이슬 • 14

6월 코스모스 • 15

돌다리 • 16

동그란 사랑 • 17

도화지 • 18

도랑물 • 19

빨간 사과밭 • 20

등불 • 21

나무 • 22

꽃봉오리 • 23

입춘이 되면 • 24

공원 산책 • 25

비빔밥 우정 • 26

비밀 • 27

붉은 노을 • 28

꽃모자 • 29

그리움 • 30

숨겨 둔 등불 • 31

그대 생각 • 32

모기 • 33

봄날 • 34

산불 • 35

제2부 그리움 속 내 사랑

내 안의 행복 • 38

자목련 곁에서 • 39

무화과 • 40

들국화 • 41

망원경 • 42

동백꽃이 피면 • 43

동백꽃 • 44

겨울 동백꽃 • 45

대추나무 • 46

대나무 • 47

수선화 • 48

이슬 • 49

난 • 50

난 향기 • 51

꿈 • 52

단풍 사랑 • 53

순간 포착 • 54

접시꽃 사랑 • 55

사랑 교향곡 • 56

내 당신 • 57

빗방울 소리 • 58

눈꽃 화관 • 59

별밤 • 60

제3부 붓으로 그린 그대 얼굴

매실이 익으면 • 62
돋보기 • 63
그림 이야기 • 64
붓 • 65
담쟁이 사랑 • 66
냉장고 • 67
갯바위 • 68
수국 정원 • 69
수국을 보며 • 70
수국꽃 • 71
꽃송이 • 72
성체조배 • 73
새벽기도 • 74

브라스 밴드 • 75
선풍기 • 76
샹들리에 • 77
백 리 사탕 • 78
바람의 언덕 • 79
미포 커피숍 • 80
드라이브 길 • 81
황령산 등산로 • 82
산행 이야기 • 83
장유계곡 • 84
이수도 • 85
에어쇼 • 86

제4부 고향 마을 징검다리

나의 아버지 • 88
빛바랜 주전자 • 89
작약꽃 • 90
우리 할머니 • 91
오빠 • 92
손녀와 손자 • 93
붕어빵 • 94
옹알이 • 95
양배추 사랑 • 96
영천밭 • 97
군고구마 • 98
동생 이름 • 99

산딸기 농장 • 100
산 지킴이 • 101
텃밭의 추억 • 102
명절 • 103
고드름 • 104
고향 마을 징검다리 • 105
갯벌 • 106
조개잡이 • 107
지구를 보며 • 108
월드컵 때처럼 • 109
송정 밤바다 • 110

부록_ 동요 악보

구름여행 • 112

꽃길 • 114

꽃장화 • 116

꽃모자 • 118

불꽃놀이 • 121

비닐우산 등굣길 • 122

아침 인사 • 124

억새꽃 • 126

요술 사다리 • 127

캠핑 • 128

실바람 친구 • 129

제1부

오늘도 행복 산책 중

• 아침 이슬 • 6월 코스모스 • 돌다리
• 동그란 사랑 • 도화지 • 도랑물 • 빨간 사과밭
• 등불 • 나무 • 꽃봉오리 • 입춘이 되면
• 공원 산책 • 비빔밥 우정 • 비밀 • 붉은 노을
• 꽃모자 • 그리움 • 숨겨 둔 등불 • 그대 생각
• 모기 • 봄날 • 산불

아침 이슬

이른 새벽
잎새에 내린 이슬

아침 햇살에
보석처럼 아름다워요

앗,
다시 보니
당신이었군요

내 가슴 적셔 주는
당신!

6월 코스모스

6월에
코스모스가 피었다

그대 기다림은
이제 막
여름으로 들어서는데

그대 기다리는
나처럼
코스모스도
보고 싶은 이가 있나?

6월에
코스모스가 피었다
그리움으로 서둘러 피었다.

돌다리

큰비에
돌다리 하나가
떠내려갔습니다

못다 한 사랑
잃어버린 것처럼
저 돌다리도 아프겠지요

"돌다리야, 힘내!"

우리 사랑처럼
곧 채워지겠지요.

동그란 사랑

동그란 해
동그란 지구

동그란 보름달
동그란 마음

그대 기억
살며시 연다
그대 얼굴 동글동글

그러니
우리 사랑도
주거니 받거니
동그랄 수밖에.

도화지

밤새
세차게 내린 비
아침 일찍 맑게 개었다

눈부시게 맑은
도화지 같은 세상에
그대 생각을 그린다
예쁜 꽃이 핀다

내 안에
아름다운 사랑이 담긴다.

도랑물

봄비로
꽃가루 씻어 낸
이른 아침

도랑물은
돌돌 소리 내며
아래로 흐르고

보고 싶은 당신
너무 그리운 나도
물처럼 내려간다
그대 찾아간다.

빨간 사과밭

한걸음
또 한걸음
당신 향해
사다리를 오릅니다

그 그리움 끝에
그대 기다릴 것 같아
잘 익은 홍옥처럼
얼굴이 붉어집니다

당신 만나는 설렘에
너무 수줍어
얼굴이며 온몸이
사과밭이 됩니다.

등불

거실을 밝히는
150W 전등

내 마음속
그대 웃는 모습에 비하면
백 분의 일도 안 된다.

나무

내 안에 심은
나무 한 그루

더운 날
시원한 그늘이 되고
조용히 기대앉아
쉴 수 있는 휴식처

당신은
숲 한가운데 자라는
큰 나무다
깊은 사랑이다.

꽃봉오리

꽃봉오리 속에
설렘이 담겼다
곧 눈뜰 봄

예쁜 기다림으로
그리움 속에
두근거림이 담겼다

그대 만날 기쁨
부끄러움이 앞선다

오랜 기다림으로
다가선다.

입춘이 되면

따스한 햇볕
가지마다 담고 속삭인다

"봄이야, 봄!"

옷깃 여미며
내내 기다려 온 봄
그래도 봄이다

꽃봉오리 펼치듯
봄을 여는 봄볕이다.

공원 산책

푸른 편백숲
호수로 이어지는
공원 산책길

하얀 반바지
가벼운 샌들
발걸음이 가볍다

쌍쌍이 걷는 길
나는 내 안의 그대와
꽃길을 걷는다

밤새 나눈 이야기들
마냥 좋아서
웃고 뛰던 시간

오늘도
그 사랑 속으로
행복 산책 중.

비빔밥 우정

나의 주특기
맛깔나는 나물 반찬
한 상 차려
친구들을 불렀어요

오색 비빔밥 한 그릇
맛있게 나눠 먹고
후식으로 이어진
세상 사는 이야기들

나누다
나누다 보니
이야기가 나물이 되고
즐거움이 다시
비빔밥이 되었네요.

비밀

때론
작은 비밀
큰 비밀이
내 안에서 번갈아 가며
소나기처럼 쏟아진다

저녁노을처럼
붉게 타오르다가
아침 강물처럼 잠잠해지고

하지만
가슴 깊이 숨겨 둔
비밀의 주인공은
늘 곁에서
설렘으로 살게 해 주는 당신.

붉은 노을

붉은 노을
화려하게 물드는 저녁

일상을 내려놓고
그대 생각으로
곱게 물들어 갑니다

언제나 그대 앞에
늘 홍조 띤 얼굴로
수줍어하던 순간순간들

사랑입니다
붉은 노을
가슴에 품고 살아온
진짜 사랑입니다.

꽃모자

샛바람에 날아간
꽃장식 망사모자

지나가던 자동차
모자 위로 지나갔다
납작해진 모자

후~ 불어가며
이리저리 매만져 봐도
일그러진 모습
좀체 돌아오지 않는다

그래
좀 못나면 어때
대신, 예쁜
내 얼굴이 있는데

모자를
살포시 눌러쓴다.

그리움

애타게
그대 기다리는 봄날
눈이 내렸습니다

하얀 눈처럼
그대가 온다면
맨발로 달려나갈 텐데

못내 섭섭한 마음
그대 미소 떠올리며
진한 커피 한잔 마십니다.

숨겨 둔 등불

가로등과
내 안의 그리움

오늘 밤엔
그대 모습
자세히 보게
둘 다 불을 켜야겠다.

그대 생각

파란 하늘
모래사장

어쩌면 좋아
바다가 모두
그대 얼굴
그대 생각뿐인데

맞는다며
그래야 한다며
갈매기
툭, 한마디
던지고 날아간다.

모기

간호사들
열심히 공부해도
찾기 어려운 혈관

모기는
깜깜한 밤에도
잘도 찾는다

혹
그 비결
간호사들에게
가르쳐 주면 안 될까?

봄날

따사로운 봄날
겨울 끝자락 비추면
아쉬워하며 떠나는 겨울

봄을 닮은 그대
옷깃 여미던
겨울이 지나갔어요

이제 우리
예쁜 봉오리 열고
사랑 꽃 피워요

기다리던
봄날이잖아요.

산불

비야
봄비야
세차게 내려다오

산이 온통
불길에 휩싸였는데
이러다
다 태워 버릴 텐데

작은 불씨 하나
남기지 않도록
주룩주룩 내려다오

내 가슴
애타는 맘까지
지울 수 있게
밤새 내려다오.

제2부

그리움 속 내 사랑

- 내 안의 행복   • 자목련 곁에서   • 무화과
- 들국화   • 망원경   • 동백꽃이 피면   • 동백꽃
- 겨울 동백꽃   • 대추나무   • 대나무   • 수선화
- 이슬   • 난   • 난 향기   • 꿈   • 단풍 사랑
- 순간 포착   • 접시꽃 사랑   • 사랑 교향곡
- 내 당신   • 빗방울 소리   • 눈꽃 화관   • 별밤

내 안의 행복

봄날
들길 따라 걷는데
작은 꽃만 보아도
웃음이 먼저 나온다

그대와 정원에
심은 꽃모종도
꽃이 피고
사랑으로 담기겠지.

자목련 곁에서

자목련을 닮은
그대여!

그리움 속
내 사랑입니다

긴긴
기다림이여!

무화과

달콤한 맛
안으로 숨겨 담고
살포시 눈감은 당신

당신에게서
한 수 배웠습니다

그리움은
드러냄이 아니라
조용히
담고 있어야 한다는 걸.

들국화

늦가을
들판에 핀 들국화
벌들이 날아든다

가을이라며
들국화보다
더 진한 향기로
환하게 핀 내 얼굴

그 고운 향기 따라
그대도 곧, 나처럼
날 찾아왔으면 좋겠다.

망원경

밤하늘
천체까지 볼 수 있는
망원경도 있다는데

그대 마음 볼 수 있는
망원경은 없을까?

동백꽃이 피면

차가운 눈 속
곱게 핀 동백꽃

동백꽃을 보고
날아온 동박새

그대와 함께했던
추억을 뒤진다

저들처럼
감추어 둔
비밀 문이 열린다.

동백꽃

동백꽃은
사람을 불러모으는
강한 마력을 가졌다지요

참 부럽네요
늘 기다리는 그대
그대도 다녀갈 수 있게
잠시 빌릴 수 있을까요?

겨울 동백꽃

눈 내린 한겨울
동백꽃이 피었습니다

가슴에 담아 놓은
그대 예쁜 미소
흉내 내고 싶다며

동백꽃
쑥스러운지
빨간 입 열고
미소 짓습니다.

대추나무

오래된 대추나무
큰물 지나가면서
크게 몸살을 앓았다

괜찮을까
내내 걱정했는데
다음 해 가을
빨간 대추알
보석처럼 달렸다

가을 하늘
두 팔 벌린 대추나무처럼
그대와 나
힘듦을 지우고
함께 웃을 수 있어
그저 좋습니다

작지만
내게는 행복입니다.

대나무

언제쯤
내 마음도
너처럼 비워질까?

네 앞에
당당히 마주할까?

수선화

양지 녘 뜨락에 핀
수선화

내가 제일 사랑하는
그 사람을 닮았네
쏙 빼닮았네

그러니 나는
내일도
이곳에 올 수밖에.

이슬

여름밤
소리 없이 내리는 이슬
눈부시다

혹시
내 가슴 적시는
당신?

난

이른 아침
우리 집에
난향이 가득하다

나는
물만 주었는데
작은 화분에서
꽃대를 밀어올려
향기를 내뿜는다

저 위대한 힘
어디서 올까?

당신을 위해
잠시 빌리고 싶다.

난 향기

아기 배밀이 하듯
조금씩 밀어올린 꽃대
가녀린 꽃봉오리 열었다

향기 주머니를 달고
소박하게 핀 꽃

세상에 하나뿐인
아름다운 향

그대 생각하다가
내 안에서 느꼈던
그 향기!

꿈

보고 싶은
그대여

별빛 아래 앉아
내 사랑 얘기
들어줄 수 있나요?

할 말이 참 많은데
꿈속이어도 좋습니다

자면서도
그대 만나는 달콤한 꿈
참 좋네요

오늘 밤에도
다시 오실 거죠?

단풍 사랑

예쁜 단풍 하나
남편 손에 건네며

"내 사랑도
단풍처럼 곱답니다."

얼굴 붉히며 자랑했지요

머쓱해진 남편
작은 내 어깨 감싸며

"그럼 나는
단풍나무!"

순간 포착

달도 별도
다 따주고 싶다던 그대

기장 일광 다리 아래
흐르는 물결에
달과 별이 떠 있습니다

함께 바라보던 그대
슬그머니
달 하나에 별 셋을 집어
내 손에 올려 주며
미소를 보냈지요

젊은 날
그대가 한 약속
오늘 밤에 지켰군요.

접시꽃 사랑

정자나무 옆에
접시꽃이 피었다

키 큰 정자나무는
마을 떠난 사람이 그리워
동구 밖을 바라보고

수줍은 접시꽃
가족 기다리는 사람들의
마음을 담아
징검다리 끝을 보고 있다

나도 따라
창밖을 본다.

사랑 교향곡

오색찬란한
색색의 꽃을 보아도
베토벤의 〈운명〉을 들어도
무덤덤했는데

그대 만날 때면
왜 이리
심장이 뛸까?

내 당신

서울 갔다가
집으로 돌아오는 날
허둥대다 기차를 놓쳤다

할 수 없이
입석표로
대전까지 서서 왔다

10분 20분 30분
대전이 가까워질수록
아픈 다리

아,
그대는
서 있는 나를 위해
평생 자리 내준
고마운 의자
사랑의 의자.

빗방울 소리

뚝뚝
굵은 빗방울
문을 두드립니다

"혹시 그대가?"
귀를 기울입니다

늘 기다리는
나에게
빗방울이 되어
찾아오신 당신!

그래요,
만날 수만 있다면
긴 장맛비라도
기다릴 수 있답니다.

눈꽃 화관

밤도
환히 밝히는
하얀 새색시

애타게 기다리는 봄날
그대 사뿐히 오시면
눈길이라 해도
맨발로 마중 가리라

저 꽃처럼
예쁜 눈꽃 화관
머리에 쓰고.

별밤

비 갠 뒤
영천 밤하늘
사랑을 만난다

그대가
내 가슴에서
별로 반짝인다.

제3부

붓으로 그린 그대 얼굴

• 매실이 익으면 • 돋보기 • 그림 이야기 • 붓
• 담쟁이 사랑 • 냉장고 • 갯바위 • 수국 정원
• 수국을 보며 • 수국꽃 • 수국 꽃송이 • 성체조배
• 새벽기도 • 브라스 밴드 • 선풍기 • 샹들리에
• 백 리 사탕 • 바람의 언덕 • 미포 커피숍
• 드라이브 길 • 황령산 등산로 • 산행 이야기
• 장유계곡 • 이수도 • 에어쇼

매실이 익으면

매화꽃
피었다 진 가지 끝에
매실이 달렸습니다

매실 향 담기고
열매가 익으면
어머니가 일러 주신 대로
매화청을 담겠습니다

정 많던 어머니
늘 당신이 그랬듯
함께 나눌 사랑까지 담겠습니다.

돋보기

할아버지 뿔테 안경
작은 글도 잘 보인다고
손바닥으로 닦으며 좋아하셨다

'얼마나 잘 보이면
저렇게 좋아하실까?'

몰래 써 본 돋보기
어질어질
뱅뱅

지금은
내가 쓰고 있는 돋보기
손자가 쓰고 싶다며
자꾸만 조른다.

그림 이야기

시간 날 때마다
남편과 미술관에 가서
그림을 감상한다

그때마다
흥미롭다

하지만
가끔은 그림보다
남편 얼굴 보는 게 좋아서
곁눈질로 힐끗!

짜릿한
그 느낌이 좋다.

붓

화가의 손에 들린 붓은
놀라운 매직

하얀 종이가
꽃밭이 되었다가
바다가 되고
다시 추상화가 된다

나도
몰래 감춰 놓았던
조그만 붓을 꺼내
그대 얼굴을 그린다

잊지 못할
아름다운 미소
그대를 만난다.

담쟁이 사랑

옹벽을 덮은
담쟁이넝쿨

"꼼짝 마!
너는 내 사랑이야."

냉장고

딸이 온다는
소식에
이것저것 사다가
냉장고를 잔뜩 채웠더니
쌓였던 물건이 떨어진다

한가한 날은 몰라도
오늘은 냉장고 네가
참아 주면 안 될까?

예쁜 우리
막내딸이 온다는데.

갯바위

그대는
갯바위처럼
든든하다
사랑스럽다.

수국 정원

수북수북
수국꽃이 피었다

기다림 끝에 만난
그대 얼굴처럼
'휴이야기터' 정원에
그리움을 담고 핀
소담스러운 꽃!

그립다
너무 그리워
꽃을 보니
그대 얼굴이다.

* 휴이야기터 : 경기도 광주시 도척면 추곡리에
　　　　　　 있는 복합문화공간

수국을 보며

빛 따라
느낌 따라
색을 바꾸는 자태

그 화려한 변신
아름답고
탐스럽다

하지만
일편단심
당신만 좋아하는 난
이대로가 더 좋아.

수국꽃

논으로 가는 길
봇도랑 가에
곱게 핀 커다란 꽃

수국은
물가에만 피는 줄 알았는데
정원에도
도로변에도 핀다

아름다운 수국
한결같은 모습으로
환하게 웃는
너를 닮은 꽃.

* 봇도랑 : 봇물을 대거나 빼게 만든 도랑

꽃송이

머리 위
커다란 꽃송이
탐스럽게 피었다

장날이면
큰 소쿠리 이고
고개 넘어 먼 길 다녀오시던
우리 엄마

보송보송한
꽃송이처럼
얼굴 비비며
가족 품어 안으시던
그 엄마가 그립다.

성체조배

감실 앞
단둘이 만나는 시간

내 깊은 속마음
털어내려고 할 때

그분께서는
괜찮아 괜찮아
다 안다 하십니다

말을 안 해도
다 알고 다독여 주시는
사랑이신 당신
눈물로 대답합니다.

* 감실 : 성당 안에 성체를 모셔 둔 곳

새벽기도

한밤의 끝자락
점점 밝아오는 빛
두 손을 모은다

우리가 사는 세상
평화롭고 행복하기를

이른 새벽이 열리듯
그대가 다가와
기쁨과 환희로
가득 채워지기를

오늘도
나보다 모두를 생각하며
기도로 새벽을 깨운다
하루를 연다.

브라스 밴드

사랑이다
큰 사랑이다

척박한 땅
메마른 가슴
두 팔 벌려 보듬고 안아 준
따뜻한 사랑

흐르는 눈물
무너진 마음들
섬세한 손길로 일으켜 세운
아름다운 사랑
브라스 밴드

이태석 신부
사랑이어라
큰 사랑이어라.

선풍기

선풍기는
바람으로 우리 일상을
시원하게 하고

나는
사랑으로 일상을
시원하게 하고

오늘은
우리
자연풍 어때?

샹들리에

카페 창밖
밤바다에 투영된
화려한 샹들리에

그 불빛 아래
그리움 꺼내놓고
조용히 그대를 기다립니다

바다 같은
큰 그리움
그대여
지금 어디쯤 오고 있나요?

백 리 사탕

사탕 하나
입에 넣고 길을 나선다

그대와 함께 걷는 길
백 리도 살포시 걷겠다

입속 사탕
가다가 녹겠지만

그대와 나누는
달콤한 이야기는
백 리도 더 가겠다.

바람의 언덕

거제 바람 언덕
풍차가 돌아간다

맑고 시원하고
짭조름한 바다 냄새

이 좋은 곳에서
왜 그리움이 일어나고
그대 생각은
왜 이리 진할까?

미포 커피숍

넉넉한 품
늘 푸른 가슴
바다를 닮은 그대

내 안에
그대를 불러놓고
커피를 마십니다

요동치던 파도
커피잔에 담아봅니다

하얀 포말이 일고
거친 파도 소리 밀려옵니다

바다도
질투를 하나 봅니다.

드라이브 길

드라이브 가는 길
길 따라
노란 꽃, 연분홍 꽃이
줄지어 피었다

당신과 함께 가는
아름다운 여정

이 꽃길처럼
웃음소리 가득한
즐거움을 펼쳐놓고

빵빵!
행복을 울리고 있다.

황령산 등산로

즐겨 가는
부산 황령산 등산로
도로공사로 입구를 막았다

할 수 없이
CD 볼륨 높이고
천천히 커피 한잔 마시며
내 안에 간직해 둔
그 길을 걷는다

들꽃이며 산새 소리
그대 생각까지
산길을 걷던 그대로다
어쩜 이렇게 똑같을까?

오늘
공사 덕분에
내 안의 그대를 만났다.

산행 이야기

친구들과 나선
즐거운 산행

의령군 '한우산'
한 번 들으면
기억되는 이름

한 발 한 발
산을 오른다

풀숲에 숨겨진
들꽃도 보고
품 넓은 나무 아래
이야기꽃도 피우고

오늘
한우 한 상
제대로 받았다.

장유계곡

가족들과
함께 찾은 김해 장유계곡

차가운 개울에서
물장구치고 놀다가

'아차,
여름을 잊었네.'

그렇다고
함께 못 온 그대 생각
잊은 건 아니니까
안심이다.

이수도

거제 앞바다
친구들과 여행 간
'이수도' 민박집

저녁 먹고
저마다 풀어놓은
추억 보따리로 밤을 새웠다

밤새 쏟아 낸 이야기로
'이수도'에 담아
내 안에 품는다

소중한 일상
웃으면서 담긴다.

* 이수도 : 거제도에 있는 이로운 물의 섬

에어쇼

비행기 조종사
푸른 하늘에
태극기 문양을 그리고
하트를 그린다
나라 사랑하는 마음이 그려진다

가족 그리운 나도
보고 싶은 마음
가슴에 하트를 그린다
가족들 얼굴이 차례로 그려진다.

제4부

고향 마을 징검다리

• 나의 아버지 • 빛바랜 주전자 • 작약꽃
• 우리 할머니 • 오빠 • 손녀와 손자 • 붕어빵
• 옹알이 • 양배추 사랑 • 영천밭 • 군고구마
• 동생 이름 • 산딸기 농장 • 산 지킴이
• 텃밭의 추억 • 명절 • 고드름
• 고향 마을 징검다리 • 갯벌 • 조개잡이
• 지구를 보며 • 월드컵 때처럼 • 송정 밤바다

나의 아버지

오늘도
"아버지!" 하고 불렀습니다

무슨 걱정이든
어떤 비밀이든
다 들어주신다며
속삭여 주던 당신

기억 속
아버지 품에 안겨
여전히 행복한 나날

그 사랑
이자까지 더 보태
돌려 드리고 싶은
아버지의 딸

"사랑합니다!"

빛바랜 주전자

달랑달랑
손에 들고
숲속 '참샘'에서
시원한 물 담아오던 주전자

잔칫날이면
막걸리도 담아내고
가끔은
아버지 심부름으로
마을 양조장에 들고 다녔던

손때 묻은 기억
빛바랜 추억 속

아버지
목소리가 들린다.

작약꽃

어머니가
가꾸는 정원에
해마다 작약꽃이 핍니다

피는 꽃마다
어머니 얼굴로 핍니다

어머니 그리워
가슴에 작약꽃을 담았습니다

어머니가 웃으며
내 안으로 들어섭니다
작약꽃 향기가 따라 들어옵니다.

우리 할머니

우리 할머니
매일 아침
"아가야, 일어나" 하시며
이불을 덮어 주셨다

잠은 깼어도
할머니 손길에
이불 속에서
나오고 싶지 않았다

세상에서
제일 예쁜 손녀라며
나를 다독여 주시던
우리 할머니

할머니가
할머니를 그리워한다.

오빠

독일에서
광부로 일했던 오빠

두고 온 가족을 위해
나라를 위해
깊은 땅속에서
탄을 캐셨지요

석탄을
가족과 고국 그리움으로
불태우셨지요

한세월 지난 지금
그 마음은
조국 발전에 밑거름 되어
잘 사는 대한민국호에
다시 실어야 하지요

큰 그리움이 된
자랑스러운 우리 오빠!

손녀와 손자

하늘의 축복으로
한 가족이 된 아가들

세상에 태어나
옹알이로 말하고
고사리손 잡고
아장아장 걸음마하던
잊지 못할 순간순간이
모두 기쁨이고 행복이었지

그 행복 모아
우리 손녀 손자
세상 모두를 위한
자랑스러운 사람이 되고

보석처럼 빛나는
큰 인물이 되기를
오늘도 기도한다.

붕어빵

보고
또 봐도
똑 닮았다

우리 손자
아빠랑 영락없는 붕어빵

아이스크림도
이 시린 줄 모르고
아빠처럼 잘 먹는다

빛바랜 사진 속
어머니와 손잡고 찍은
소중한 사진 한 장

영락없는 붕어빵
엄마랑 똑 닮았다.

옹알이

옹알옹알
아기 옹알이

그래그래
고개 끄떡이며
척척 알아듣고 소통한다

"우리 아가,
말도 참 잘하네!"

아기와 눈을 맞추며
주고받는 사랑에
시간 가는 줄 모른다

옹알옹알.

양배추 사랑

벗겨도 벗겨도
이어지는
가족 사랑
양배추 껍질 같다

생각하고
다시 생각해도
똑같다.

영천밭

두고 온 자식처럼
문득 생각나는
산 중턱 작은 밭

몇 달 만에 찾은 밭뙈기
개망초와 엉겅퀴가
흐드러지게 자랐다

바빠서
시간이 없어서
핑계 대며 못 왔는데

올 거지?
이제 자주 올 거지?

군고구마

동생 집 불잉걸
텃밭에 심은 고구마
황토 발라 굽는다

노릇노릇
잘 구운 고구마 속
행복이 한가득

시원한 동치미 먹고
호호 불며 베어 문
달콤한 고구마 한입

동생의
따스한 사랑
다시 한입.

* 불잉걸 : 활짝 피어 이글이글한 숯불

동생 이름

시골 동생 집
뜰에
수선화가 피었어요

활짝 웃는 얼굴로
날 반기는데
얼마나 예쁜지

하마터면
동생 이름
부를 뻔했어요.

산딸기 농장

동생 산골농장
빨간 딸기가 반짝인다

아침 일찍 일어나
큰 소쿠리 가득
딸기를 땄다

흐르는 땀
가시에 찔린 손
동생과 함께하는 재미에
다 지워졌다.

산 지킴이

우람한 소나무
동서남북으로
깊은 뿌리 내리고
산을 지킨다

가슴 넓은 아버지
인고의 세월
태풍에도 끄떡없이
가정을 지켰듯

백두대간 산맥을 바라보며
그리움으로 서 있다.

텃밭의 추억

옥상 텃밭
상추, 파, 깻잎
상큼한 방울토마토
싱싱한 먹거리로
식탁을 채웠었지

새 아파트로
이사 온 후
생각나는 옥상 텃밭

한가한 주말
마트에서 사 온 채소들
한 소쿠리 올리지만
힘을 잃은 식탁

저녁상을 기다릴
당신 생각 꺼낸다

그제야
식탁에 생기가 돈다.

명절

어릴 적
손꼽아 기다리던 명절
지금은 손사래를 쳐도
못 본 척 찾아온다

은근슬쩍 다가온 세월
얼굴에 그려놓고 가버린
나이테

예쁘지도 않은데
안 받을 수도 없고
어쩌면 좋아.

고드름

큰 바윗돌 사이
고드름이 달렸다

어린 시절
추운 줄도 모르고
따 먹던
고드름을 본다

기억 속에 달린
추억도
그 고드름.

고향 마을 징검다리

어린 시절
큰비가 내리면
나를 업고
징검다리 건너 주시던
아저씨가 생각난다

지금은
코끼리같이 튼튼한 다리가 놓여
자동차가 달린다

오랜만에 찾은 고향
다리 곁에 서서
그리움을 연다

몇 번이고
업어 드리고 싶은
키 큰 아저씨

그 넓은
등이 그립다.

갯벌

동생과 함께 간
서해안 바닷가
썰물을 기다린다

바닷물이 빠지고
갯벌이 드러나면
바지락을 잡는다

부지런한 동생
한 자루 먼저 채우고
내 자루도 채워 준다

갯벌
수평선으로 지는 해
추억으로 들어간다.

조개잡이

출렁거리던 파도
조금씩 밀려나고
바다가 드러나면

기다리던 사람들
호루라기 소리에
갯벌로 달려간다

바다 물결 밀려오기까지
사람들은 분주하다

분주한 만큼
바구니에 채워지는
웃음.

지구를 보며

하나뿐인 지구
후손들이 살아갈
소중한 터전

지구야
아프지 말자

우리 함께
아름다운 미래를
꿈꾸어야 하니까.

월드컵 때처럼

한일 월드컵
둥근 공 하나가
우리 국민과
세계인을 하나로 묶었었지

4강의 기쁨에 클랙슨 울리며
환호하던 물결, 거리를 메우고
온 나라를 하나로 만들었지

위대한 대한민국
다시 그날이 와서
국민이 한마음 되고
거리마다 행복이 넘치기를.

송정 밤바다

바다를 찾은 지
오래되지 않아
다시 찾아온 밤바다

그대가
보고 싶을 때마다
한걸음에 달려와
그리움을 달랩니다

씻어 낼수록
더 보고 싶어지는 그대

송정에는
그대 생각 담고 있는
바다가 있어 좋습니다.

부록

동요 악보

- 구름여행
- 꽃길
- 꽃장화
- 꽃모자
- 불꽃놀이
- 비닐우산 등굣길
- 아침 인사
- 억새꽃
- 요술 사다리
- 캠핑
- 실바람 친구

구름여행

작사 배도선
작곡 김수현

하얀 구름 흘러가는 따스한 봄날
물비늘 반짝이는 조그만 호수

친구들과 어울려 뒷산에 오르면
아이들 손잡고 호숫가 거닐며

꽃길

작사 배도선
작곡 정춘란

꽃장화

작사 배도선
작곡 김춘남

꽃모자

작사 배도선
작곡 이세일

불꽃놀이

작사 배도선
작곡 신영수

까만밤 밤하늘에 예쁜꽃이 피었어요 -
펑 펑 펑 소리맞춰 피어나는 예쁜꽃들 -
별님도 눈이부셔 어둠뒤로 사라지고 -
아기는 신이나서 방글방글 폴짝폴짝
밤하늘 여기저기 웃음꽃도 함께펴요 -

비닐우산 등굣길

작사 배도선
작곡 김남삼

아침 인사

작시 배도선
작곡 이태현

억새꽃

작사 배도선
작곡 정성우

요술 사다리

작사 배도선
작곡 장선미

캠핑

작사 배도선
작곡 정성우

실바람 친구

작사 배도선
작곡 천득우